葛藤する福祉現場

——福祉の理想と現実30話

高木博史 著

本の泉社

まえがき

この本を手にとられた貴方は、福祉関係に学校に通われている方でしょうか、あるいは、福祉現場で働いている方でしょうか。あるいは、福祉の専門教育に携わられている教育関係者の方、それとも、仕事としては直接的なかかわりはないけれども、福祉の現場に関心を寄せている方でしょうか。立場はそれぞれですが、「もっと福祉現場を良くしたい！」という思いは共通なのではないでしょうか。

しかし、福祉現場と福祉の専門教育との間には想像以上の溝があることも現実です。「学校では、このように習いました。」とか「学校で習ったことと違います。」ということがあまりにも多い福祉現場では、戸惑いと葛藤の連続です。そして、学校で学習したことは、「空虚な理想論」であるかのような感覚に陥っていき、やがては、「どうせ、やっても仕方がない」とあきらめへと変わっていくこともあります。

この本は、こうした過程をたどる前に、まず「現実」を真摯に受けとめることからはじめないといけないのではないかという思いから出版させてもらいました。いわゆる専門書や理論書ではありません。自分がそうだったからということもありますが、現場で働いて一日が終わって家に帰ると、食事をして一息つくともう眠くなっていて「本」を読む時間などあまりとれていませんでした。まして、「専門書」となると難しい理論に疲れた脳が反応せず、むしろ避けたいというのが本音ではないでしょうか。そういう意味では、気負わずに読める1話完結方式でまとめてみました。

この本のベースとなっているのは、出版にあたって大幅に加筆や修正をしたところもありますが、私の高齢者福祉施設での勤務経験や学生時代のアルバイト経験などの現場経験と現在、まがりなりにも大学で社会福祉関係の実習教育の一端に関わっている立場から感じたことや悩んだりしたことを中心的な内容として、私個人のホームページで発行していた「福祉の理想と現実」がテーマのメールマガジンです（二〇〇四年の一月～一一月までに三〇回発行したものです）。

また、この本に収録しているそれぞれの話については、結論を求めているものではありませんし、むしろ結論を急がず、考え続けていくことが大切だと思っています。そういう意味で、私が福祉現場の「現実」に対して、どのような考え方を持ってきたのか、あるいは、どのような思いを持っているのかということを皆さんにお伝えすることで、少しでも気が楽になったり、議論や考え方の方向性の一つとなったりすれば嬉しく思います。

また、私自身が主に介護が中心的業務の施設に勤務していた関係から、全てというわけではありませんが、「現場」といった場合、主に「介護現場」を想定していることをご了承頂きたいと思います。

もくじ

第１話　福祉現場の職種とその関係

どこの職場でも上下関係はありますが福祉現場は、一般的な会社のように部長・課長・課長補佐・主任といった役職はそれほど多くはありません。また、ソーシャル・ワーカー（生活相談員）、看護職員、介護職員、調理員、事務職員と様々な職種が連携し合いながら、利用者の方の生活を創っていくことが求められる職場でもあります。しかしながら、こうした職場であるにもかかわらず職種と職種の間に少なからず上下関係を感じることもあります。

たとえば、ソーシャル・ワーカーと介護職員、あるいは、看護職員と介護職員というのは、そうした職種間による「上下関係」がみられることがしばしばです。具体的にいえば、給与体系はもちろん違っている場合が多いのですが、現場における発言の影響力やそれぞれの職種に認められている裁量権といっても良いでしょう。確かに、それぞれの職種に求められる専門性に応じて、相応の待遇を受けることは必要ですが、それは、現場において、他の職種と上下関係をつけるものであってはならないと思います。

しかし、現実には、こうした上下関係は、とくにソーシャル・ワーカーと介護職員の間で生じていることがあります。最近では、福祉系大学卒の新人がソーシャル・ワーカーとして採用され、経験も少ないにもかかわらず、何年も働いている「先輩」を相手に指示していることもあります。誤解を恐れずにいえば、いくら学歴社会の弊害をいったとしても、「権利としての福祉」という考え方が浸透し、より良いケアを求められている今日、ケアの「専門性」が問われはじめた介護現場では、少なくとも最低限の知識を担保する学歴、あるいは資格といった尺度が採用の際のひとつの規準となるのは明確です。そのような意味では、確かにこれまで、福祉現場とくに介護現場は、大学卒の職員は相対的に少ない職場であり、代わりに資格はなくても何年も経験を積んだ職員に支えられているというのが実情ではないでしょうか。

ところが、こうした構造が「大学を出ているからといって偉そうに」とか「資格を持っているからといって偉そうに」といった感情につながることもあります。そして、このような感情は、自分の知らない間に周りで育っていることが多いのです。

本来は、職種の違いである「ソーシャル・ワーカー」と「介護職員」であるにもかかわらず、一部の人々に「ソーシャル・ワーカー」が上の役職であると思っている人々もいます。また、実際には、そのような指揮系統を取っている施設が多いことも、こうした状況を作り出す原因にもなっています。しかし、利用者の生活を創っていくためには、上とか下とかという問題ではなく、それぞれの職種の専門性を生かした視点から対等に意見を出し合うべきなのですが、現実は、やはりなかなか厳しいようです。

たとえば、現場で、就職間もない時期などに自分なりの見解を述べたりしたときに「大学」を出ているというだけで「理屈っぽい」などいわれますが、それは「理屈っぽい」のではなく、実態が理論についていっていないということです。そういう意味では、理論と実践の還流と発展をどのように考えていくのかということについて、資格や学歴の有無に関係なく、あるいは経験が長い短いに関係なく、それぞれの立場で率直な意見を出し合うということを感情的にならずに冷静に考えていく必要があるのではないでしょうか。

第2話　福祉現場の人間関係

第1話では、主に職種間の関係について考えましたが、ここでは、さらに踏み込んで、職場における人間関係が実際にはどのようにつくられていくのかということについて考えてみたいと思います。

皆さんは、働きはじめたとき、役職についている人や経験の長い職員の行為に「えっ」と思われたことはありませんか?　きっとあるかと思います。実は、このことが福祉の「理想と現実」のギャップを構成している要因のひとつであると思います。

多くの職員が、学校を出てすぐに出会ったそのような機会に「そんなことはやってはいけないだろう。」と思いつつ口に出せないままでいるのではないかと思います。しかし、自分の仕事ぶりをどう評価されるかによって、今後の「仕事のしやすさ」に影響するのではないかと考えると「生意気な」と思われるより、上司に従順な態度で済ませてしまおうと思うのは、やむを得ない成り行きであるといえます。また、ワーカーとして実力があるかどうかは別とし、比較的、現場における立場が高い人（役職や勤続年数などもあります）に気に入られると少々の失敗でも大目にみてくれるといったこともあるかもしれません。あるいは、チームプレイが求められる支援の過程では、少なくとも、建設的な助言というのであればともかく、自分のやることにいちいち文句をつけてきてほしくない「敵に回したくない人」も存在します。

私にも経験がありますが、当時、就職したての私は、職場での立場を考えず上司であった人に意見してしまいました（オムツ介助のときに使用する清拭《せいしき》タオルを洗濯、乾燥後とはいえ直接、食卓の上でたたんでいたことに対して）。そのときの上司は、すぐに対応してくれましたがとても気まずそうにしておられました。しかし、そのことが直接の原因であったかどうかは分かりませんが、「お前は口ばっかりで身体が動いてない」というようなことをあまり接点のない職員の方からいわれ、「口ばっかりといわれても間違ったことをいったつもりはない」という気持ちになったことがあります。それに、接点の少ない職員がなぜ自分の働きぶりを知っているのかという疑問もありました。それと同時に自分の言動や行動が筒抜けになっていることに不信感を持ちました。こうした体験を通して感じたことは、福祉現場の人間関係が感情的なことも含めて利害関係によって構築されているからではないかと思います。もちろん、人間が他人と関係を作っていくときには多かれ少なかれ利害を考えてないわけではないですが、今、そこで悪口をいっていたのに、その悪口の対象となっていた人が現れると手のひらを返すような態度になったりする人を見るとあまりにも露骨な気もします。実習生の中には、そうした施設の「派閥抗争」のようなものを垣間《かいま》見た体験を話してくれる学生もいます。

こうした利害関係の中で働いていると、自分より上の立場の人が「本当はやってはいけないこと」をしたりしていると、「ああ仕方ないことだな」という感情に変わり、そして遂には、「当たり前」に変わっていくことがあります。しかし、少なくない職員がそのことに対して、葛藤を抱えながら仕事をしているのではないかと思います。そして、その葛藤こそが現場の現状を変える潜在的な力となることを信じています。

第3話　現場職員と研究者

福祉の「理想と現実」の「理想」の部分は、「研究」あるいは「専門教育」によってもたらされる「理論」であるとするならば、「現実」の部分は、今まさに動いている「現場実践の場」のことを意味しています。そういう意味では、「研究」「専門教育」と「現場実践」は体系的に結びついていくべきなのですが、それができていないためにそのギャップを感じてしまうことは、むしろ当然の成り行きだともいえます。中でも、現場職員と研究者の間には、埋めがたい溝のようなものを感じているのは私だけでしょうか。

現場職員の方は、研究者に対してどんなイメージを持っているでしょうか？もしかするとプラスのイメージというよりは、「きれいごと」や「理想論」ばかりをふりかざしている人たちだと思ってはいないでしょうか。現場職員と研究者の間には、しばしばお互いを批判しあう関係になることがあります。しかし、それは、批判を建設的に受けとめていくというよりは、どちらかというと誹謗・中傷の部類に入ることがあります。

たとえば、現場の職員が研究者へ対して「あの人は、現場のことは何も分かっていない」と思っていたりすることがあります。確かにスーツに身を包み、理論をふりかざす研究者というイメージからは、ジャージに身を包み場合によっては素手で排泄物の処理することもある現場職員からは、想像のしがたい世界にいる人たちではないかと思えます。こうした現場職員の姿は、研究者と到底理解しあえる環境にないといってしまえばそれは一面の真理であるかもしれません。また、研究者の一部には、現実的には不可能とも思える理論をもって、現場を批判する傾向がないとはいい切れません。しかし、本当は、現場で汗まみれになって働いている現場職員の声と「理想論」と思えるような理論のどちらも必要なものではないでしょうか。お互いがそれぞれの主張に耳を貸すことができなければ現場の発展はありえません。そういう意味では、お互いの交流を活発にしていくことが求められています。最初からうまくいくと思いませんが、勉強会を開いたり研修を利用したりする中で、何度もお互いに議論を積み重ねることによってきっと分かりあえるのではないかと思います。

介護福祉士や社会福祉士の資格制度ができて一五年を過ぎましたが、そうした人材育成に関わる教員についても最近ではだいぶ事情が変わってきているようです。とくに、現場出身の研究者はこのところ急激に増えてきたといっても良いでしょう。社会福祉自体が実践科学であり、現場の声に耳を傾けずして進歩はありえないということが認識され始めてきたのではないかと思います。

現場の職員の方々の中にも勉強会を開いたりして自分のスキルアップに勤めておられる方もいらっしゃいます。

もちろん、批判すべきことは批判すべきなのですが、あくまでも建設的に受けとめていく姿勢が保てる距離である必要があります。良い意味での緊張関係こそが福祉の専門性を高めていくことだと思います。

そのような意味で現場の方がどんどん発言されて議論が展開されることを望んでいます。

第4話　もらう？　もらわない？

福祉の現場で働いていると、利用者から、あるいはその家族から物を「あげる」といわれることがありませんか？

このようなケースは、実習の事前指導でも話題になります。実習指導の原則は「基本的にもらってはいけない」です。なぜならば、専門的な援助者と利用者と関わりを持とうとするとき、物を「あげる」「もらう」という関係から利用者が「あげなければならない（世話をしてもらっているので申し訳ない、あるいは、よくしてもらうために援助者の機嫌をとっておこう）」といった感情を持たせることは、本来、利用者の主体的な生活を支援する専門職として不適切であるという理由からです。

また、社会福祉に携わる者としては、ものを「買える（余裕のある）人」「買えない人」のどちらであっても人間としての価値を区別せずに対応する高い倫理観が求められています。

しかし、現場では、しばしばこのようなケースに出会います。私がホームヘルパーのアルバイトをしていたときのことですが、正確には忘れましたがお正月の前後だったと思います。訪問先のご家庭の方が「お年玉（現金）」を用意してくれたのです。もちろん、断りましたが、半ば強引にポケットに突っ込まれてしまいました。もちろん、相手の方は私を困らせようとしたのではなく、私の働きに対しての「気持ち」であったことはいうまでもありません。それを社会福祉援助技術でいうところの「受容（受けとめるということ）」であるかというと疑問符をつけられざるを得ないですが、私は、その「お年玉」を返すことはできませんでした。

利用者から「ものをもらわないというのが原則だ」と教えられてきた私にとって、こうした場面に直面し、断れなかった自分は、ひどい罪悪感におそわれました。困り果てた私は、帰路、大学の恩師に電話をかけて相談しました。「学校では、利用者からもの（金銭）をもらうということは、いけないことだといわれているが……」と続けて状況を話したところ、その答えは意外なものでした。

もちろん、もらう前であればもらわないようにいわれたと思いますが、もらった後ということもあってか、「（もらった分を）現金で返すとかではなく、全額とはいわないでも半額ぐらいのものでも「この前のお礼というわけではないですが……」とかいってさりげなく返すと（先方の）気持ちを無駄にすることもないのではないか」というようなアドバイスを頂きとても気持ちが楽になりました。また、「なるほど！」というような、かなり現実的な対応だと思いました。そして、次回の訪問時に季節柄、利用者の方の長寿をお祈りする意味で「お守り」を買って渡し、とても喜ばれたのを覚えています。

こうした対応は、社会福祉専門職としての倫理観から考えると「適切」だったとはいえないかもしれませんが、現実的な対応としてはあり得ることだといえます。場合によっては、かたくなに拒否する姿勢は利用者との関係において、かえって逆効果になる場合もあるかもしれないという気もします。

利用者から金銭やものをもらわないことを張り紙などで告知してあるところもありますが、基本的には「もらわない」という原則を前提としつつ、状況によってやむを得ずもらってしまった場合の職場でのルールづくり（たとえば、金品であれば募金、物であれば皆で分けるなど……）などが必要なのではないでしょうか。また、こうした場面に出会って困ったときは、一方的な見方で斬り捨てない信頼する上司や出身校の教員に相談してみるのもいいかもしれません。

第5話　身体拘束の事情

「身体拘束の事情」というタイトルにしましたが、「事情」がどうであれ身体拘束は許されるべきではありません。ベッドに縛り付けたり、ツナギ服（上下がつながっている服）を着せたり、あるいは、車椅子利用者に転落防止のベルトをしたりすることは、利用者の方の身体的自由を奪うだけではなく、自分が思うように動けないということに対して精神的な負担を強いる結果となるために、現場においても教育の場においてもいけないことであることは周知の事実です。そういった意味では議論の余地はありません。

しかしながら、現場においてはしばしば行われていることがあります。

このことは、福祉現場の「理想と現実」の中でも、かなり象徴的な光景でもあります。

実習生は無理やりに介助されている利用者の姿や車椅子やベッドに縛られている利

用者を見て衝撃を受けて実習を終えることもしばしばです。

確かに、これまで、こうしたことが日常茶飯事に行われていたというのは事実だと思いますし、実際に私が勤務していたときも、たとえば、車椅子利用者の身体を机で支えるというより、机と車椅子の間で動かないように固定するような、縛ったりはしないけれども、事実上の身体拘束は行われていました。そして、私自身もそうした行為について加担してきた一人だといえます。

しかし、なぜ、「いけない」と分かっていることが行われているのでしょうか。それは「安全性」という価値との葛藤ではないでしょうか。もちろん、身体拘束が職員の「手抜き」のためにされている場合は論外だとしても、限られた職員で対応しなければならない中で、たとえば、足の状態が良くない利用者の方が歩こうとして転倒して骨折などの大けがをするよりは「まし」ということではないでしょうか。

この問題は、実は職員数の絶対的不足というような福祉現場の構造的な問題を含んでいます。たとえば、五〇人規模の特別養護老人ホームでは、夜勤は介護職員二〜三人で看護職員はいないという形態が一般的なようです。こうした体制では、事故が起こったときの応急措置さえも十分に行えない危険をはらんでいます。にもかかわらず、事故を最小限に抑えないといけないという責任を負っている職員は、「安全性」という価値を最優先させざるを得なくなっているということです。

だからといって、身体拘束を肯定したり、正当化したりしているわけではないのですが、現場の問題は、施設内の問題だけではなく制度や政策とも深く結びついているものです。何をするにも圧倒的に足りない職員数のために、忙しさの中から身体拘束をせざるを得ない状況が作り出されていることは事実です。

しかし、各施設や事業所の収入に占める人件費の割合が非常に高いために一般的には、職員配置数は最低限に抑えられてしまっています。もちろん、職員の数だけ増えればいいということだけではありませんが、少なくとも、現状より余裕のあるより豊かなケアを提供していこうとするならば、より多くの職員を雇用するということが利用者の利益であるということが認識されなければなりません。そういう意味では、福祉施設や事業所に対する補助金の問題など制度や政策に関心を持ち、構造的に考える力を備えた人材を養成していくことの責任の重さを感じております。

第6話　利用者の呼称

「～ちゃん」「～君」「～さん」「～様」など、日本の社会には、年齢やその人の地位によって様々な呼称が存在します。一般的に「～ちゃん」は幼少時、「～君」は、自分と同等か目下の者に使う呼称、また、それほど親しくない関係においては「～さん」を使うことは、多くの人々が心得ていることです。

にもかかわらず、実習に出る前の学生によくなされる指導のひとつに、利用者を「ちゃん」づけで呼ばないということがあります。こうした指導を改めてしなければならないことは、一方では、残念な部分でもありますが、利用者と援助者の関係をどう考えていくのかということについて非常に重要な意味を持っているのではないかと思います。

なぜ、「ちゃん」づけで呼んではいけないのか。それは、利用者一人一人の人格を尊重し、「子ども扱い」をしない、信頼関係を築けていないにもかかわらず、あまりにも「馴れ馴れしくしない」などの理由が考えられると思います。とくに、発達障害を持つ利用者の方の場合、実年齢よりかなり若く（幼く）見えたりすることもあるために、つい「～ちゃん」と呼んでしまったら、実は、自分と同じぐらいの年齢だったということなども少なくありません。しかし、実際には、職員も「ちゃん」づけで呼んでいたという実習生もいるようです。古くからの利用者で、職員がその利用者の小さいときのこともよく知っている場合、こうしたケースもあるかもしれません。しかし、職員が呼んでいたからといって、安易に実習生が「ちゃん」づけをすることには注意が必要です。よく、「親しみを込めて」とかいわれますが、「ちゃん」づけが親しみの表れということはあまりにも安易な考えのような気がします。

ところが、この「ちゃん」づけにも意味のある場合があります。とくに、痴呆高齢者などで退行現象（幼稚化）が進んでおり、幼少時の呼び名として「～ちゃん」と呼ばれていた場合、そのような呼ばれ方をされることによって、反応がよくなるといったこともないわけではありません。しかし、現実の実習教育では、「ちゃん」付けの「是非」は問うていますが、このあたりの議論はあまりされること

はないようにも思えます。

　また、反応がよくなるから「ちゃん」づけが許されるということもいい切れるものでもないと思います。少なくとも、援助者として、個々人の人格を尊重すること前提として、場合によって使い分けていくという姿勢が必要だと思います。

　余談ですが、呼称に関して、私が以前、勤務していた施設では本人に対しては「さん」、職員同士の間や記録物等には「様」という呼称で統一するようになっていました。介護保険が導入され、介護サービスの消費者（お客様）として「様」という呼称もだんだん違和感がなくなってきています。

　ただ、銀行などでは「～様」と呼ばれることに慣れていますが、「お客様」という発想自体には抵抗感がないわけでもありません。確かに権利の主体者として尊重されるべきなのですが、複雑な思いを持たれている方もいらっしゃるのではないかと思います。なかなか、難しい問題だと感じています。

第7話　使える職員、使えない職員（できる職員、できない職員）

職場に新人職員が入ってきたりしたときに、あの人は「使える」とか「使えない」という会話がなされたりすることがあります。そこで、この「使える職員」、「使えない職員」について考えてみたいと思います。

皆さんは、「使える職員」という人はどんな人を思い浮かべるでしょうか。おむつ交換（トイレ誘導含む）が速い人、たくさんの利用者を入浴させることのできる人、「食事介助」が速い人、仕事が丁寧な人、よく物事に気づく人などいろいろ思い当たる職員がいるのではないでしょうか。しかし、「使える人」の価値基準は、施設の実態とも深く結びついています。

私は、高齢者施設で働いていましたが、おおむね「使えない職員」の部類に入っていたのではないかと思います。私と夜勤を組んだ職員が、私と一緒だと辛いというようなことを直接的にも間接的にもいわれていました。

逆に、現場の仕事をきちんとこなしていける職員は、「現場を回せる」といわれ、いわゆる「使える職員」として評価されるようなことが多いと思います。確かに「使える職員」は、限られた人数でやらなければならない大量の仕事をいつの間にか終わらせてくれたりしていて、一緒に仕事をしていると楽な気がするということはあります。反対に私のように「現場を回せない」職員は、同僚から冷たい視線とまではいわないまでも、それに似た視線を感じたこともあります。

利用者の方にとっても、現場を「回せない」ことによって必要なサービスを受けられない利用者を生じさせるおそれは否定できません。たとえば、入浴予定の人が入浴できなかった場合など「回せなかった」ということは、やはり、利用者の不利益となってしまいます。そういう意味では、要領よくやることや介護技術を磨くことは必要なことだったと思います。

しかし、現実には、そういう自己研鑽をするというよりも、同僚たちに少しでも「使える職員」であるように見せたいために、本当は必要な支援の過程を省いたりして（恥ずかしいことなのですが、おむつ交換のとき尿だけなら清拭《せいしき》をしないなど）、とりあえず一応仕事が終わったふりができるように、いわば「見せかけの使える職員」になろうとしていたことを反省しています。そもそも、「使える」「使えない」という判断は、誰がするのでしょうか。職員サイドからの見方に過ぎません。そういう意味では、「使える」か「使えない」かは、ひとつの目安ではあっても、それ以上の意味を持ちません。たとえば、「使えない」と思われていた職員でも、利用者と余裕を持って関わることができる環境に変われば、「使える職員」になる可能性も十分に残されています（もっとも「使える職員」になることが目的ではありませんが）。

「使える」「使えない」と似たような意味で、「できる」「できない」と使われることがありますが、こちらは、もちろん実務的なこともありますが、もう少し、福祉観なども含めた「センス」があるかないかというときに使われているような気がします。

本当に「できる職員」は、利用者と痛みを分かち合い、利用者と喜びを共有することができ、仲間（職員同士）の気持ちを理解できる人だと思います。そういう意味では、私は、「使えない」だけではなく、やっぱり「できない」職員であったかもしれません（今、自分の施設職員時代を振り返り、それなりに頑張っていたつもりではあるけれど、利用者とともにあるという余裕はなかったなと思います）。

第8話　人材育成と利用者の個人情報保護

福祉現場と福祉の専門教育の間で、認識の違いが浮き彫りになる事柄のひとつに「利用者情報の扱い」があります。ここでは、この「利用者情報の扱い」について考えてみたいと思います。

いうまでもなく、福祉サービスの利用者の方も、さまざまな経歴を持たれているわけですが、それが、現在のその利用者の行動や状況に深く関係している場合が多くあります。たとえば、家族関係や昔の職業、病歴、あるいは、経済状況といったものです。痴呆の症状がある方で、ふだん、食事を食べなくても、「娘さんが持ってきたから食べませんか？」というと食べてくれたりすることがあります。このことは、その利用者の中で「娘」という家族に対する何らかの思いがあるからこういう結果として現れるのだろうと思います。

つまり、家族関係を知ることは、支援の過程の一つとして欠かすことのできないものであるということです。

こうした、家族関係や昔の職業、病歴、経済状況といった情報は、主に個人台帳（ケースファイル）といわれるものに一括して綴じてあることが一般的です。また、そこには、毎日の様子なども書き込んでいくようになっています。私の勤務していた施設では、避難訓練のときなども、この個人台帳は、利用者を安全に誘導することとともに、優先的に持ち出さなければならないものとして位置付けられていました。このことは、それが、きわめて重要度の高い個人情報であり、かつ支援に必要な重要な情報がまとめてあるものだとの認識があったからだと思います。

しかし、このような個人台帳を実習生に開示するかどうかは各施設によって対応がまちまちです。実習生の多くは今後、福祉の専門職を目指す人々です。しかし、やはり、個人情報保護の観点から、なかなか情報を開示（個人台帳の閲覧をさせない、など）をしない所も少なくないと思います。また、実習生が、「秘密保持」の原則を、必ずしも十分に認識しているともいえません。たとえば、実習先でのできことを事例検討などで、その事例が特定化されることがないように配慮した上で一般化するということではなく、不用意にしゃべってしまうなど、そういった不安から、情報開示がなされないのだと思います。

福祉実践の場においても、十分な説明責任が問われるようになってきた今日、利用者をより深く理解した支援を実施するために必要な情報は収集しなければなりません。学校で、この台帳にはとても重要な情報が記してあるということを伝えられている学生は、もちろん、台帳を見るということだけでなく自分自身で情報を集めるといったことも伝えていますが、この台帳を見ることができないことによる情報不足をどのように補っていくかということに悩んでいる場合もあります。

私自身の見解をいえば、実習生には「秘密保持」がなぜ必要かということを十分に説明した上で、より多くの生きたケースを理解してもらうことが必要なので、情報もできる限り開示してほしいと思いますが、情報が漏れてしまってからでは遅いということが、この問題の深刻なところで、人材育成と現場実践の間にある難しい問題です。

そういう意味では、今後、個人台帳を「見せる」「見せない」ということだけでなく、どのような情報は開示して、どのような情報が開示できないものなのかということと、その理由について現場と人材育成の場との共通の課題として議論していく必要があるのではないかと思います。

第9話　福祉的視点？　医療的視点？

さて、今回は「福祉的視点？　医療的視点？」です。

全く仮定の話になりますが、（似たようなケースは体験していますが）Aさんは、八〇歳で糖尿病をわずらっているが定期的な測定によって血糖値は、安定しているという状態があったとします。

今日は、行事があった日で、午後のおやつは、ちょっと豪華なケーキだとします。するとそこへ、皆のおやつが運ばれてきました。すると、一つだけ、果物（たとえば、ちょっと酸っぱいりんご）の入ったお皿があって、それをAさんへ出すように指示されたとします。皆さんはどう思いますか？

Aさんが、ケーキよりも果物が大好物だったときは、とくに問題はないかもしれませんが、普通は、「何でAさんは、ケーキじゃないの？」と思うのではないでしょうか。

実は、この出来事は非常に難しい課題を含んでいるように感じます。

いわば、「QOL（生活の質）」をどのようにとらえるかによって、福祉と医療の価値の対立が生じかねないということです。

この場合、ケーキを欲しがる糖尿病の利用者にケーキを渡すことは、比較的、低カロリーと思われる果物よりある意味、健康を害する、より高いリスクを背負います。しかし、たった一回でそんなに変わるものでしょうか。これを「福祉的視点」とするならば、「絶対ということはありえない。それが原因で、状況が悪化するとすればそれを未然に防ぐのが医療の責務」と考える医療的視点といったところでしょうか。

もちろん、健康状態を無視して、利用者の「要求」を受け入れることが「福祉的視点」といいたいわけではありません。しかし、プラスもマイナスも含みこんでより質の高い、あるいは幅のある生活を志向する「福祉」に対して、「病気の治癒、あるいは改善」を主目的とする医療では、しばしば価値の対立を生じることがあります。

そういう意味では、身体の痛みを和らげながら、「死と向き合う」ことを優先する

「終末医療」は、確かに寿命は縮まるかもしれないけれど、それは、命を粗末にするということではなく、命の価値と尊厳を守る「福祉的視点」をかなり重視した医療であるともいえます。その意味では、医療と福祉の融合的視点による取り組みであると思います。

問題は、「福祉的視点」「医療的視点」どっちが優れているというものではなく、状況に合わせた個別の対応が必要だということですけど、なかなかそのあたりが、うまくいかないのが現実です。

最後に、ここでは、「福祉的視点」「医療的視点」という言葉を使っていますが、この使い方が適切かどうかということは、私自身まだ結論が出ているわけではありません。よく「福祉的」な考え方だとかいわれていますが、何が「福祉的」で、何が「医療的」なのかというのは、まだまだ議論の余地があることを前提としつつも、イメージをつかみやすいのではないかと思い使っています。

第10話　援助者こそ援助を求める勇気を！

実習教育に関わっていると、現場で実践をされている方からとても参考になるご意見を頂くことがあります。私が勤務している大学で実習懇談会（実習施設の指導者さんと大学教員の意見交換の場）を実施しているのですが、そこでのちょっといい話をお届けしたいと思います。

初めて実習に行った学生は、何からはじめればいいのか戸惑っていたりします。一方で現場の職員は、休む暇もなく施設内を行ったり来たりしています。こんな状況の中で、実習生は、分からないことがあっても「忙しそうにしているのに、こんなこといったら怒られるのではないか」あるいは、「そんなことも知らないの」といわれるのではないか」などと萎縮して、思ったり感じたりしたことを口に出せないままに時間だけが過ぎていっていることがあります。

そして、職員の方たちから、口には出されないけども「あの実習生は……」と思われていると思い、必要以上に評価を気にしてしまっていることがあります。こうした実習生の気持ちは分からなくはありません。やはり、忙しそうにしている職員にどのタイミングで話しかければいいのかということを見きわめるのは、なかなか容易なことではありません。しかし、こうした実習生の思いとは反対に、人材育成の場であることを明確に意識されている職員の方からは、「積極性が足りないのではないか」「質問や疑問が少ないのではないか」という意見をうかがうこともあります。

実習懇談会の場である施設の実習指導者の方が「困ったときには援助者こそ援助を求める勇気が必要なのではないか。」という趣旨の発言をされていました。

まさに、私にとっても、衝撃的で深い感銘を受けることばだと感じました。

確かに、現場実践に失敗はつきものですが、少なくとも、何の議論もなされることなく無責任に問題の解決や改善への見通しがつかないままに仕事をして、取り返しのつかない失敗してしまい、「どうすればよいか分からなかった。」というのは理由になりません。そして、その「分からない」まま仕事をされて、一番の不利益を被るのは利用者の方だからです。困ったときは、素直に経験や知識の豊富な人に相談し、一緒に考えたり、ときには、専門家に託したりすることができるということも対人援助職として求められる重要なスキルであるなと感じました。

また、なかなか解決や改善の目途が立たない「困難な問題」を持ち続けながら、一人で仕事を背負い続けることは、極度のストレスを感じることとなり、最近、話題になっているバーンアウト症候群（燃え尽きてしまって無気力状態になること）にもつながりかねないと思います。

そういう意味で、この実習指導者の方の発言は、実習生に限らず、「自分に何ができて、何ができないのか」ということを正しく認識する必要性に言及したものであり、ソーシャル・ワーカーの基本的な態度としての「自己覚知」を深めることにつながるものだと感じました。

私たちは、なかなか分かっていてもそれができないことも多いのですが少なくとも、「一人で悩まない」というのは、ソーシャル・ワーカーに限らず、どんな職種においても大切なことではないでしょうか。

第11話　同性介護の是非

福祉現場は、まだまだ女性が多い職場です。しかし、当然なことながら男性の利用者もいるわけです。施設において多数を占める女性職員が、数としては少ない男性の利用者の介護をするということを果たしてどのようにとらえていけばよいのでしょうか。逆に高齢者施設などでは、女性の利用者が多く、少ない男性職員が女性の利用者の介護に携わらざるをえない状況をどのように考えていくのでしょうか。ここでは、こうした「同性介護」を巡る問題について考えてみたいと思います。

私が、学生時代に行っていたボランティア活動で、ある重い障害を持つ女性の介護をしていたことがあります。性の問題などにも関心が高い学生時代には、排泄介護などを含む介護を頼まれたときには複雑な思いがして、同性介護に関してどのように考えているのかを聞いてみました。そうすると、その方は、毎日の生活を継続していくためには「女性がいい、男性は嫌だといっている場合ではない」というような答えが返ってきたときは、衝撃を受けました。利用者の意思で同性による介護を選択することができず、介護をする人間そのものが足りないというのは、日本の福祉の貧困そのものではないかという気になりました。最近では、同性介護の考え方もだいぶん普及してきており、障害者施設などではかなり徹底されるようになってきたようですが、高齢者施設では、今でも状況はあまり変わってないといえます。

しかし、こうした実態がありながらも、実習教育の場では「理想は同性介護」だと比較的、さらりと流されている気がします。「利用者の立場に立って」ということを最重視する「福祉」において、「自分が嫌なら、相手にもしない」ということで、このことはある意味、分かりきったことであるかのように伝えられています。しかし、これでは、現実を生み出している背景まで思いが至らないのではないでしょうか。本当に必要なのは、なぜ、同性介護ができない実態があるのかということを考えることだと思います。自分の意思で介護者の性別を選択できない圧倒的なサービス量の不足や、同性だったら誰でもいいのかという問題も考えていかないといけないのではないでしょうか。また、自分の意思を表明することが難しい重度の障害や痴呆を持つ方へ「どうせ、分からないからいいじゃん」というものではない対応を誠実に考えていかないといけないと思います。また、同性介護で問題となるのは、入浴や排泄の介護のときだと思いますが、女性の利用者の中にも、たとえば、（物理的に力があって）安定感のある男性に介護を頼みたい（表面的なものかもしれませんが）ということもあるかもしれません。こういった場合、同性介護を基本としていた場合、どのように対応するかを考えなければなりません。ここで原則を崩してしまうと他の利用者に対してもズルズルと異性介護になってしまうおそれも否定できませんし、利用者の意思とはズレができてしまうということになってしまいます。そういう意味では、「同性介護のみが理想」という考え方に縛られてしまうと全く対応ができなくなってしまうことも考えられます。最近では、介護技術としての「専門性」という観点から、介護者の性別に関係なく考えていく必要があるのではないかという議論もあるようです。

余談ですが、以前、友人に介護する側も異性の介護には抵抗があるのではないかということを話したら、「専門職のいうことではない」というような厳しい批判を受けました。しかし、実際には実習生の中には、この問題に対し少なからずわだかまりを持ってきている場合もあるので、利用者の立場からはもちろんですが、介護に携わる者の立場からみた同性介護も考えていかなければならないのではないかと思いました。

第12話　介護職員の医療行為

介護保険が導入され、在宅で介護を受けようとする高齢者も増えてきています。しかし、ホームヘルパーには「医療行為」は認められていません。同様に、施設職員も介護職の医療行為は、建前《たてまえ》としては行ってはいけません。

しかし、この「医療行為」は実に様々なもので、ふだん私たちが普通にしている「爪切り」なども医療行為だといわれています。『ホームヘルパーの医療行為』という篠崎良勝氏の編著書では、一二三項目に渡って在宅でも遭遇しがちな医療行為が記されています。驚きなのは、「点眼」や「外用薬の塗布《とふ》（軟膏や湿布など）」なども医療行為とされていることです。

摘便《てきべん》（肛門から便を手でかき出すこと）などは、介護職員が行うものとしては重い感じもしますが、爪切りのようないわゆる「身だしなみ」や、「背中に手が届かないから塗ってくれませんか」といわれて外用薬を塗ることさえ「規制」されているのは、それを忠実に守ることはある意味、「仕事にならない」ということにもなります（こうした医療行為と生活介護のグレーゾーンの行為を行うことは、実態としては日常化しています)。

一方で、程度にもよりますが、もし皮膚を傷つけたりしたときの責任は誰が取るのかということになると、介護職員としてはやはり「けがの処置」などについて、看護職員ほど十分な技術があるともいい切れないのが現状です（一般論です。スキルのある職員の方もいますが、それを容認することはある意味、規制を犯すことになるジレンマを抱えています)。

学生のときにホームヘルパーのアルバイトをしていたのですが、生活介護の流れの中で必要なちょっとした医療行為でも、もし、何らかの失敗をしてしまったときに必要以上の責任を問われてしまうことを考えれば、「自分の身を守る」意味でも、「医療行為はすべきではないのではないか」ということが話題になったことがありました。また、家族がこうした行為をするのは認められているらしく、ホームヘルパーはできないということでした。確かに、勝手な判断で誤った処置をするより賢明な選択であるともいえます。

しかし、訪問先で入浴後、爪も伸び放題の利用者を前に「爪切りは医療行為なので、ホームヘルパーの私にはできません。」ということができるでしょうか。まず、いえないのが普通ではないでしょうか。

こうした、介護職員の「医療行為」問題は、昔から存在していたにもかかわらず、最近やっと議論されるようになってきたというのが実態ですが、最近では、いくつかの研究も発表されているようです。

私は、「医療」や「介護」という縦割り的なサービス提供でなく、必要によっては、少なくとも生活介護の流れの中で関わる程度の医学知識と技術を備えた人材を養成できる体制（研修や法整備）が必要だと思います。

参考文献

本文を書くにあたって参考にさせてもらった篠崎良勝氏の編著書です。もっと介護職員（とくにホームヘルパー）の医療行為について詳しく知りたい方はどうぞ。

・篠崎良勝編著『どこまで許される？　ホームヘルパーの医療行為』一橋出版、二〇〇二年

第13話　「居場所」と生きがい

痴呆高齢者の症状の一つとして「帰宅願望（家に帰りたい、帰りたいと訴え、落ち着かなくなること）」がある人がいます。この「帰宅願望」は、デイサービスなどの通所施設を利用する人にも、施設で生活している入所の利用者にも現れます。ということは、実際に毎日「家に帰れる」通所の利用者特有のものでないといえます。つまり、通所の利用者であっても、「家に帰った」からといって「帰宅願望」が落ち着くとは限らないということです。

ところが、この帰宅願望もたとえば、何かの作業をしてもらったり（洗濯物をたたんでもらうなど）しているときは、そんなにひどくなかったりします。それは、なぜでしょうか。

それは、「作業をしている時間」が、潜在的なものなのかもしれませんが、自分が何らかの「役割」を担っていることが実感できるからではないでしょうか。このことを「生きがい」というのはいい過ぎかもしれません。しかし、人間は、誰かに「認めてもらいたい」という欲求を必ず持っています。作業をすることによって、たとえば、職員からお礼をいってもらえるとすれば、ある意味、「認められている」ということになり、少なくともそこに自分の「居場所」を見出すのだと思います。帰宅願望も、家に帰れば、父として、母として、あるいは、夫として妻として、家族における何らかの「役割」を担ってきたという意識から、そこに自分の居場所を確保できているからこそ「帰りたい」のではないでしょうか。

最近、QOL（生活の質）が問われはじめましたが、こうした「居場所」を確保する支援もひとつの方向性だと思います。

よく活気のない利用者に対して、レクリェーションに誘ってみたりすることがあるのですが、その内容には十分な吟味が必要です。歌を歌ったり、ボール遊びをしたりすることは、楽しいことではあるけれども、参加したくない人もいるかもしれません。それは、たとえば、「歌が下手」ということに劣等感を感じている利用者がいたとすれば、「歌を歌う」というレクリェーションは、苦痛以外の何ものでもないということです。そして、そこに、自分の「居場所」を確保することは極めて困難だということです。ただ、そういうことを考えていないと「誘ったけど参加してくれなかった。」ということだけで終わってしまい先のことを考えていなかったなということが自分の経験からもあったような気がしています。

「生きがい」というのは、あることをすることによって、とても活き活きとした生活を送っている状態であるというイメージですが、その前提となる安心できるところ、ほっとするところとしての「居場所」を見つけるということも大切な支援のひとつとして模索していくことが望まれているのではないでしょうか。

第14話　介護事故の責任

今回は、「介護事故の責任」について考えてみようと思います。
福祉現場は、転倒や誤飲《ごいん》・誤嚥《ごえん》あるいは火傷《やけど》、皮膚剥離《はくり》（皮膚がめくれること）など、様々な介護事故の危険をはらんでいます。しかし、こうした事故の責任はいったい誰に（どこに）あるのかという問題はそれほど単純な問題ではありません。とくに最近では、介護保険導入の影響で利用者（とその家族）には「消費者」という意識も芽生え始めており、「福祉」はある意味「サービス業」としての側面も持ち始めました。

こうした状況の中で、「介護事故の責任の所在」をはっきりさせておかないと福祉労働者にとって不利な状況になることが考えられます。

たとえば、「転倒」について考えてみたいと思います。

まず、原因が一番問題になりますが、たとえば車椅子の扱い方が悪く、利用者の方が転倒したとします。この場合の責任はいったいどこにあるのでしょう?

もちろん、車椅子の扱い方をよく把握できていなかった職員（あるいは実習生）の責任はとても大きいものがあります。職員として車椅子の扱い方を把握していない段階で何のサポートもなく勝手な扱い方をしていたとするならば、「職業人（あるいはそれになろうとする者）」の自覚が欠けていたといえます。そういう意味では、事故を起こした者に反省を求め、場合によっては何らかの処分も検討されることがあると思います。

しかし、事故を起こした者が新人職員や実習生だったりすると「車椅子の扱い方」についての理解が十分だったのかどうかということになり、少しでもそのような疑問を残していた現場、あるいは法人の研修体制に問題はなかったのかということが問題になってきます。

つまり、事故を起こした職員はもちろん悪いけれども、それを誘発する原因があり、そのような環境を改善しようとする努力がなされていたかどうかによっても「責任の所在（の程度）」が変わってくるということです。

絶対的な職員数不足の中で起こる事故などはいい例ですが、この場合は、制度や政策といったところまで問題は広がっていきます。

こうしたことから考えると、事故を直接的に引き起こした者の責任を一定程度、明確化することは必要なことかもしれませんが「犯人探し」をして個人責任を追及するようなやり方だけで終わってしまうのはあまりにも情けのない話だと思います。また、その職員を処分（たとえば解雇など）して、事故の原因の本質を見ようとせず幕引きを図ろうとする方法では、何の解決にもなりません。

事故が起きないことが一番ですが、起きたときの対応によっても、その職場の「居心地」も変わってくるものです。（曖昧な決着をするのではなく責任の所在を明確化した上でのフォローと教訓化をしてくれるかどうかということです。）トカゲのしっぽ切りだけで済ませようとする施設と、原因を皆で考えていくという施設があれば、どちらが「居心地」が良いかというのはいうまでもありません。職員が定着しない施設も少なくないと思いますし、職場の体質を変えることは容易ではありませんが、一人一人が事故の原因を個人責任だけに押し付けず、構造的に考えていく必要性を自覚しなければならないと思います。

第15話　福祉職のメディア浸透度

皆さん、小さい頃は、何になりたかったでしょうか。医者、警察官、プロスポーツ選手、歌手（芸能人）など様々ではないでしょうか。高校生ぐらいに少しずつ福祉関係へ進みたいという人も出てきますが、中学校ぐらいまではあまりいないのではないでしょうか（少なくとも、自分の時代はそうでした）。

こうした、職業への関心は、やはり各種メディアへの浸透度といえるでしょう。たとえば、ファインプレーや豪快な技でファンを魅了するプロスポーツ選手、たくさんの人を楽しませてくれる芸能人、犯人逮捕のために華々しく活躍する警察官を取り扱ったドラマなどがたくさんあります。

しかし、福祉職はどうでしょう。最近でこそ、ホームヘルパーなどが二時間のサスペンスドラマなどでとりあげられるようになってきたものの、仕事そのものに焦点を当てたというよりは、偶然、ホームヘルパー先の秘密の事情を知ってしまったとかいうことがドラマの進行上のキーポイントになっているだけで、まだまだ職業としての福祉職にスポットを当てたものは少ないといえます。

余談ですが、福祉職へスポットを当てたものは少ないですが「障害を乗り越えて……」風の感動ドラマは増えてきていますね。この手のドラマには賛否両論あると思いますが、私は、少なくとも関心を持つきっかけという意味で肯定的にとらえています。

話を本題に戻します。福祉職はなぜあまりスポットを当てられないのでしょうか。私の予想では、これからも当分、状況はあまり変わらないと思います。

これは、福祉職が「成果」が表れにくい職業であり、専門性の議論も未成熟であることが原因であるかもしれません。医者や警察官という職業は「病気を治す」「犯人逮捕」という比較的分かりやすい成果があり、その目標へ向かって活躍する姿が「絵」になるからだといえるでしょう。ところが、福祉職の場合、それが生活支援という仕事である以上、現在の生活を維持する（ＱＯＬ（生活の質）の向上もいわれはじめま

したが）ことが前提である以上、画期的な成果というものは生まれにくいものです。そういう意味では、何を「絵」にできるのかということだと思います。

一方で、専門性も曖昧な部分があります。たとえば、家庭裁判所調査官や心理カウンセラーなどが、ときどきドラマで取り上げられることがありますが、（実態とはかけ離れた部分もあるかもしれませんが）明らかにその職業の持つ専門的なかかわり方がストーリー展開の鍵となっています。こうした取り上げられ方だと、メディアへの浸透度が少なくても、その専門性に憧れるということはあるかもしれません。ところが、福祉職というのはそういう取り上げられ方をされたのは、まだまだ少ないのではないでしょうか。

福祉職がメディアに浸透することが必ずしもいいことかどうかということには議論のあるところかもしれませんが、まずは、「福祉の仕事」を知ってもらうという意味で様々なメディアへの登場を期待し、歓迎したいと思います。

第16話　利用者とのコミュニケーション

私にも経験がありますが、初めての実習の場合、何をやっていいのか、あるいは、何を話していいのか戸惑っている実習生がいます。

こうしたときに、「利用者さんとコミュニケーションを取って」とかいわれます。実習生ということで、わざわざ「コミュニケーションを取る時間」を用意して頂くわけですが、私は「そんなことといわれても……」と思うだけではないかと思います。そして、困った挙げ句、「では、どんな話をすればいいのですか?」と聞くと「何でもいいんだよ、たとえば、天気の話とか……」などといわれると、自然に出てきた会話ならともかく、改めてする話かといわれると「今さら、天気の話も何かなあ。」と思ったりします。現実には、介護を通して何らかの声かけを行なっているというところでしょうか。そういう意味では、とくに「介護をする」というきっかけもなく、時間だけ与えられてしまった実習生が戸惑う気持ちはよく分かります。

確かに、利用者の方とコミュニケーションを取ることは大切なことです。実習も半ばを過ぎれば、利用者の方の性格や趣味などもだんだん分かってきて、「介護」ということをきっかけにしなくてもそれなりに話もできるようになるかと思います。また事前に、利用者の方の昔の様子や趣味などに関する情報を仕入れておくことも有効です。

しかし、中には、というよりかなり多くの割合でなかなか利用者の方に話しかけるきっかけのつかめない実習生もいるのではないかと思います。そして、そのことで「自分は福祉に向いていないのではないか」と深刻に悩んだりします。

しかし、実際に現場に出れば、「コミュニケーションが取れない」なんて悩んでいる暇はないのです。むしろ、どのような会話をすれば、利用者の方と楽しく話せるのだろうか、あるいは、こんな接し方でいいのだろうかなどと真剣に悩めることは実習生だからこそできることなのではないかと思います。

私も、おおむね実習施設の評価として、「あまりコミュニケーションが取れていない学生」だったようです。しかし、自分なりには頑張っていたつもりですが、「どうやって話しかけるきっかけを作ればいいのだろう」と悩んだりしていました。また、「話すことだけがコミュニケーションをとるということではなく、利用者の方の表情や表現行動をしっかり受けとめることのできるワーカーになりたい。」と考えるようにしました。実習教育の場では、よく「ノンバーバルコミュニケーション（非言語的コミュニケーション）」の大切さが話題になりますが、その大切さの認識度がまさに、ワーカーの力量の差を象徴するものの一つであるような気がします。うまく話せなくても、利用者の思いをどこまで表情や表現行動から感じることができるのか、そういう感性を磨いていくことが、結果的にコミュニケーションが良く取れているということにつながるような気がします。

しかし、現場で働くようになって「利用者の立場」に立って表情や表現行動に注目しなければとは思いつつ、それを意識したコミュニケーションを取ろうと思っていた気持ちはどこかにいってしまい、自分のペースや価値観を押し付けていたのではないかと反省しています。こうした経験を通して、常に自己点検の必要性を感じています。

第17話　施設（経営者）の理念と現場

皆さんの職場にも、「施設の理念」や「経営方針」といったものがあると思いますが、こういうものを読んだことがある人、あるいは覚えている人はどのくらいいるでしょうか。恥ずかしい話ですが、私は、確か新人研修のときに覚えたような気もしますが（正確には覚えてなかったかもしれないですが）、少なくとも現場で働いているときは、あまり意識したことがなかったような気がします。自分のこのような態度を正当化しているようで見苦しいとは思いますが、こういうものは、大抵、壁に額縁に入れて飾ってあったり、パンフレットに書かれているものなので、確認しようと思えばいつでもできるし、第一、それが理想だなと思えるような、ほとんど分かりきったことしか書いていないので覚える気にもならないといったところではないでしょうか。

介護保険や支援費制度が導入されて利用者（とその家族）の権利意識も飛躍的に向上しつつあります。こうした状況の中で、現場関係者、とくに経営者の中には、利用者は「消費者（お客様）」といった考え方も徐々に普及しつつあります。確かに、こうした考え方は介護がビジネスとして確立されていく中で、大切な考え方のひとつだといえます。そして、このような考え方に支えられてサービスが向上することもあるかと思います。

しかし、一方で社会福祉あるいはそれに準じる事業（学問的には議論の途上ですが、民間企業の展開する介護サービスなどを含みます。）には、利用者の生活を継続的に守る責任があります。入所時やサービス利用開始時だけの表面的な「接客態度」が良くなっても、その後のサービス質がともなわなければ意味がありません。

介護保険下で施設あるいは事業を運営していこうと思えば、少し俗ないい方ですが「客を集める」ためには、「より良い理念」を掲げる必要があります。「ウチではこんなことをやっています。」とか「こんなことは絶対にありません。」とか他施設（他事業所）と差別化を図るために、特徴的な「売り」を理念に掲げることになります。介護保険の利用者は、それを見て（聞いて）どこを利用するのか「選択」するわけです。確かに、理念だけ見れば、「非の打ちどころがない」文言が並んでいます。そして、それに向かって努力していることをアピールすることが効果的な宣伝となります。

でも、実際はどうでしょうか。「崇高な理念」を実現するために、職員にどれだけの自己犠牲を強いているのでしょうか。残業代のつかないサービス残業は日常茶飯事に行われ、人手不足で忙しく走り回っているうちに、できなかったことを「なぜできないのか」と叱責されて終わりにされ、職員と経営者との間に次第に意識のズレが生じてきます。職員は、「誉められたい」というわけではないですが、自らの頑張りに対して、ねぎらいのことばひとつもかけてくれない経営者に、不信感とまではいわないまでも、信頼感を持つということはないという状況が現実ではないでしょうか。

また、ビジネスである以上、儲からなければ、事業の縮小、あるいは撤退も含めたリスクを背負っています。しかし、利用者の生活は継続していくわけですが、突然、「明日で終わりです。」といわれれば利用者も職員も路頭に迷うことになります。

こうしたことからも、介護ビジネスの確立の方向も目指しながらも、どうやって質の高いサービスと人材を確保していくのかということは今後の課題になってくるとともに、もう一度、職場の雰囲気や在り方を見つめ直さなければならないのではないかと思います。

第18話　共感とは何か

今回は、「共感するということ」について考えてみようと思います。

このタイトルについて、私のささやかな現場経験のうちでとても印象に残ったことがあったので紹介したいと思います。

当時、私は、早番勤務などをしていたのですが、利用者の方たちへの朝一番の水分補給が大きな業務のひとつでした。重度の痴呆症のお年寄りが多く、自らの水分摂取が困難な場合も多く施設方針でもあった一日あたり一〇〇〇ccから一三〇〇cc以上の水分補給はなかなか困難がともなうもので、この朝一番の水分補給は、利用者の方の一日の水分摂取量を左右するほどの重要な意味を持っていました。

利用者のAさんは、ほとんどいつも一口、二口ぐらいでやめてしまって、その後は、勧めても手で払いのけるように拒否の強い方でした。このAさん食事の方も食が細く、好きなものだけを少し食べてはやめてしまい、後は勧めてもほとんど拒否されるという状態でした。

また、こちらのいうことは分かっていても、「言葉にして話す」ということができなくなっていたために、無言のまま、手で払いのけられるように拒否されるので、介助していた私は、あまり気分のいいものではありませんでした。そして、こんな状態が就職してしばらく続いていました。

ある日、施設の創立記念の行事で、利用者の方の前で魚をさばいて寿司にするというイベントがありました。あまり、気乗りはしませんでしたが握ってもらった寿司をAさんに持っていきました。

そしたら、どうでしょう。「しゃべれない」と思っていたAさんが声を出して喜んで（もちろん、言葉にはなっていませんでしたが）、その持っていった寿司をぺろっとたいらげてしまったのです。

それを見ていた私は、とても胸が熱くなりました。Aさんは、たまたま寿司が好きだっただけかもしれません。でも、「食事」に対してこれほど喜んでいるAさんの姿をはじめて見ました。それを見ていた私も、とても嬉しくな

って「これが共感というやつかな」と思いました。

日々の仕事に追われ、利用者の方と喜びや辛さを共感することを忘れかけていた自分にとって、感激でもあり、衝撃でもあった出来事でした。

利用者の方との思いを「共感できた」ことを意識できる場面というのは、現場では、実はそんなに多くないと思います。でも、それをこころがけて業務にあたるのと、事務的、機械的に業務にあたるのでは明らかに結果が違ってくるのだなと思います。

私のささやかな現場経験の中でも、こんな経験が今でも福祉に何らかの形で携わっていたいと思うきっかけのひとつとなっているので、ぜひ皆さんに伝えたいと思いました。

第19話　利用者家族から見た職員像

皆さんが、施設などを訪問したときに、「自分の親はぜひ、ここに入ってもらいたい」と思ったところはありますか。現実にはあまりないと思います。

これは、まず、施設のイメージが影響していると思います。「集団処遇」（このことばは、あまり良くない表現かもしれませんが、イメージを鮮明にするためにあえて使わせてもらいます）によって、なかなか構ってもらえないのではないかという不安があるからです。

確かに、職員はめまぐるしく働いています。おむつ交換、食事、水分補給、入浴など空いている時間などほとんどないように見えます。そして、実際に、職員も一日働くと帰宅間際には「もうすぐ帰れる」といったことを思いながら半ば惰性で働いているような気もします（少なくとも私は、そうでした）。

しかし、利用者の家族としては、そんなことは本質的にはどうでもいいことです

（もちろん職員にねぎらいのことばなどかけていただけることもありますが）。

自分の身内が、職員が「きついから」といって、あまり構ってもらえてなかったら、「それでもプロかっ！」といいたくなるだろうと思います。職員にとってみれば、何十人の中の一人だと思いたくもなるかも知れませんが、職員として利用者個人と向き合うということは、一対一の関係を常に意識しておかなければなりません。しかし、頑張っても、頑張ってもできないことは必ず存在し、それができていないことで、「どうしてできない」といわれても現場は、当惑するばかりです。

こうした状況の中で、あまりよい表現ではないですが、「あそこの家族はうるさいから注意しようね。」など、職員と家族との接点があるところだけを取り繕うとしてしまうのです。そうすると、面会の少ない利用者の方や、様々な事情で家族との連絡がなかなか取れない利用者の方は、たとえば、自然に服装が乱れていったり、訴えがあっても後回しになっていったりするのが現状ではないでしょうか。職員たちにとって、家族の「願い」は「クレーム」のように聞こえてしまっているという悲しい現状になっています。

しかし、このことで職員を一方的に責める前に立ち止まって考える必要があります。

夜勤明けや早番のときなど数人で何十人という利用者をみないといけない勤務体制や、家族の中にも少し納得しがたい理由で、「クレーム」をつけてきている所もないとはいい切れません。

現場では、そうした家族の思いや納得しがたい「クレーム」をどのように受けてとめていくのかということについて、冷静な議論が望まれます。とはいうものの、なかなか、疲れきった職員同士で議論するのは難しいのが現実です。ただ、現状のままでいいというわけにもいきません。利用者の家族が職員に対して好感を持つとするならば、日常的なじっくりとした関わりの中から生まれる信頼関係が築けている様子を見てからだと思います。そういう意味では、利用者にとっても職員にとっても、もっとゆったりとした環境を整えていくことが必要です。

単に「現場は悪い」というのは簡単ですが、そこには日々、精一杯の努力をしている職員に対してどのように報いていくのか今後の課題です。

第20話　施設は不要か？

皆さんは、老後はどこで暮らしたいと思いますか。たぶん家で暮らしたいという方も多いのではないでしょうか。

人生の最期を自分の住み慣れた地域で迎えたいといった願いは、自分も含めて多かれ少なかれ持っていると思います。しかしながら、「地域で暮らしたい」というのは、施設の持つイメージに左右されているようにも思います。

確かに、「施設」といえば、外出も自由にできず、入浴や食事の時間もある程度決められており、何といってもこれまでは「福祉の世話になるなんて！」といった偏見＝姥捨《うばす》て山であるとか、人里離れた地にあるといったイメージがあることは否定できないし、実態としても事実であることが多いような気がします。そして、こうしたイメージから「施設解体」あるいは「施設不要」の考え方が、徐々に浸透してきたのではないかと思います。

しかし、在宅で生活するには、やはり、地域のサポートネットワークが確立されていることが前提です。隣に住む人の名前も知らない人が多くなってきているように、いわゆるコミュニティ（地域社会）の助け合い、あるいは、ボランティアは、いってみればインフォーマルなサービスでプラスアルファではあってもサービスの提供主体として期待するにはリスクを背負いすぎます。

私が、働いていた所は、痴呆高齢者を対象とした施設でしたが、当時の上司が「もし、ここに来なければ一家心中していた家族もあるかもしれない」というようなことをいっていました。私は、この言葉に衝撃を受けるとともに、まだまだ痴呆高齢者が地域で生活するには課題があるなと思いました。あまりにも整備されていないホームヘルプサービスなどの在宅サービスの現状が、家族に痴呆高齢者がいると徘徊や転倒の危険で一時も心が休まらないという現実を作り出していることが社会的に認識される必要があります。また、痴呆高齢者だけでなく、重度の障害者の容態の急変などに家族が対応できるのかといった課題も残されています。

最近では、ホームヘルプサービスやデイサービス、ショートステイなどのサービス量も増えてきましたが、民間営利企業の参入によっていつでも撤退可能な状況をつくり出していることに国、あるいは自治体はどう考えているのでしょうか。

また、「地域支援」を叫び、施設解体や施設不要論が多くの地域住民の支持を得ている一面だけが強調され過ぎていることにある種の胡散《うさん》臭さを感じます。在宅サービスに企業の参入をどんどん認め、市場化といえば競争原理が働き、消費者（利用者）に有利になるというようなことばかりが強調されていますが、実態は、施設にかけるお金を「在宅に戻す」ことで削減しているだけではないでしょうか。

安易な「施設解体」あるいは「施設不要」論と、理念としてのノーマライゼーションはきちんと見きわめた上で「施設か？」「地域か？」のような二者択一ではなく、必要に応じて施設も使えるし、在宅でも安心して生活できるサポートネットワークの構築が急がれており、こうした選択肢を増やしていくことこそ「社会福祉基礎構造改革」の向かうべき方向だと考えています。

第21話　伝言ゲーム

さて、今回は「伝言ゲーム」です。

皆さんは、「伝言ゲーム」というものをされたことがあるでしょうか。

私が施設に勤務していたときの新年会だったか忘年会だったか忘れてしまいましたがこんなゲームをしました。

その内容は、ひとりがある事柄（ちょっとした文章）を聞き順々に数人に伝えていくもので最初に伝えられたことと最後に伝わった人の内容がどれぐらい正確かというものを競うゲームです。

このゲームの趣旨は、半分は冗談でしょうけど「申し送り」がどれくらい正確にできるのかというものだったらしく、懇親の場で仕事の話というのも何かなという思いもありましたが意外に面白く感じました。

福祉現場にとって勤務の引継ぎに際し、利用者の状況を伝える「申し送り」は利用者の生活の支援を継続する上で欠かないものですが、教育現場でも伝えたことと学生が理解したことが違っている、あるいはズレていることがしばしばあります。そういうときは、自分の力量の無さもありますが、難しい理屈だけではなく、また、学生、一人一人が自分の問題として考えることのできる表現で、明確に伝える必要性を感じます。

不況の影響や高齢化が進み、また、ボランティア活動の普及などで福祉に対する関心は確実に高くなっています。こうした中で、施設には様々な経歴を持った職員が増えていますが、たとえば専門用語を連発するような「申し送り」だと分からないことがあります。職業（プロ）意識の表れといえば格好はいいですが、専門的な教育を受けた人の間だけで通用する言葉を用いるのは、マイナス面が多いような気がします。一方で、そうした人々の中には「これぐらいは知っているだろう」あるいは「知っていて欲しい」という潜在的な意識が、専門用語の安易な使用に結びついていることもあるのではないしょうか。このことは、分からない者からすれば、その場で聞くのも恥ずかしいのでかなり気分が悪いものです（私は、とくに看護関係の用語は分からなかったことが多かった気がします）。

また、現場では普通にやっていることも、専門教育の場であらためていわれると「何それ？」ということもあります。私にとっては少し恥ずかしい体験ですが、こんなことがありました。○（一般的に女性を示す記号）とか□（一般的に男性を示す記号）を線で結んで利用者と家族との関係などを記した家系図（のようなもの）のことを「ジェノグラム」といいますが、もしかしたら私も学校で習ったような気もしますが、いざ教えようとする段階になって「ジェノグラムってなんだっけ」と思って戸惑ったこともありました。

皆さんいかがでしょうか。「ジェノグラム」といわれても分からないけれど「家系図」といわれたら分かるという人もいるのではないでしょうか。この例は、私が忘れていただけだったということかもしれませんが、少なくとも私の勤務していた施設では日常的には、そのようないい方をしていなかったというのは事実ですし、こうしたことはしばしばあるように感じます。

専門職としての自覚は必要ですが、職員ひとりひとりの力量にはいい意味でも悪い意味でも差があり、いかに普遍的な「申し送り」をしていくのかということを常に意識していく必要性を感じます。

第22話　虐待はなくなるか？

私が高齢者福祉施設に勤務しているときに、「虐待」が行われていたのではないかと思ったことが何度かあります。虐待といっても、いわゆる放ったらかし程度のものから、ことばによる精神的、あるいは肉体的な苦痛を加えるものまで様々なものがあります。

介護保険導入後、有料老人ホームの増加など、もはや「福祉」というより、ホテルなどと同じようにサービス業としての「介護サービス」という状況になりつつあります。利用者は、そのサービスの「消費者」へ移行しつつあり、職員の間にも「お客様」を大切にするという意識が芽生え始めているとは思いますが、福祉や介護に対するイメージはそう簡単に変化するとも思えず、こうした実態とは別に、職員の間には利用者との関係においてまだまだ「お世話する側」「される側」としての上下関係を潜在的に持ち込んでいることも多いのではないかと思います。そういう意味では、悪質な虐待が表面化することは、一昔前に比べれば多くなったかも知れませんが、状況が大きく変わったともいえないのではないかと思います。

本来、虐待は程度の問題ではなく、また、「虐待」とまではいえなくてもそれに近いことは現場では起きていたことも事実ですし、もしかしたら自分もやっていたかもしれません。たとえば、訴えのある利用者の方に対して「ちょっと待って」といって放ったらかしにしたり、入浴拒否のある方に対して無理やりお風呂に入れたりしたことがしばしばありました。いうまでもなくこうした行為も正当化することはできず、虐待といわれれば反論のしようがありませんが、利用者に対して、暴言を吐いたり、叩いたりすることとは少し違うような気もします。ところが、新人、あるいは二年目ぐらいの若手職員が、こうした現場を見ても何もいえないことは良くありません。しかし、黙っていることは、その行為に加担していることだと責めることができるでしょうか。

実はこの問いは非常に難しいといわざるを得ません。確かに、虐待などの「やってはいけないこと」を見れば注意すべきだとは思います。しかし、就職したて、あるいはそれに近い職員が、そのことで職場内の人間関係を壊してしまいたくない（それぐらいで壊れるなら壊した方がいいという勇気が出ない）というのが普通ではないでしょうか（私もそうでした）。こうして、虐待を見てしまった職員が沈黙することで悪循環が生じてしまうという構造です。

ではどうすればよいのか。こうなると職員一人一人の資質の問題というより、そうした行為を戒めるための、たとえば内部告発者を保護するシステムづくりなどが重要です。こうした動きは最近、少し議論されはじめましたが、ぜひ福祉分野にもとりいれられていければいいなと考えています。

ところがこうしたシステムも場合によっては、誰かを陥れるために利用されるおそれもあります。しかし、こうしたリスクを背負いながらも、やはり、内部告発者を保護するようなシステムは必要だと思います。残念ながら、現状では、こうした「外的」な力によってしか状況は変化しないのではないかと思います。ただ、一人ひとりが虐待の原因を「虐待する人」の単なる個人的な問題だけではないと自覚し、福祉現場の構造上の問題としてとらえることができれば、「内的」な力による変化の可能性も残されていると思います。

第23話　自己選択、自己決定、自己責任

今日、「ノーマライゼーション」といったことばがかなり普及してきていますが、このような思想を背景としたものの中でも、「自己選択、自己決定」あるいは、「自己責任」といったことばがなんとなく便利に使われているなと感じるのは私だけでしょうか。

記憶に新しいところでは、イラクで人道支援のボランティアとして活躍していた人たちが拘束され、帰国したことに対する誹謗・中傷です。

誹謗・中傷という時点で既に私の立場を表明しているようなものですが、やはり、彼らの問題は「自己責任」ということばだけで片付けられないのではないでしょうか。必要なことを国や行政が責任を持ってしていない、あるいは行き届いていないからこそNGOのような組織が存在しているわけで、そのようなところで活躍している人をつかまえて、「拘束されたのは自己責任」だというのは、あまりにも他人事ではな

いでしょうか。

福祉現場では、よく「自己選択、自己決定」といったことばが使われますが自ら「選択」や「決定」をする以上、それにともなうリスクは当然生じます。それも含めて「自己責任」ということです。

実習生がよく「どこまで手を出して（介助して）いいか分からない。」というようなことを口にします。

高齢者や障害を持つ利用者の方が自ら職員（実習生）からの支援を拒否する場合もあるだろうし、一種の訓練的な意味を持たせて職員同士が申し合わせたりして支援（介助）しない場合もあると思います。

また、利用者の方が痴呆や重度の知的障害を持つ場合など、少なくとも現実的な判断能力が十分でないと考えられる場合、「自己選択、自己決定」をどこまで尊重していくのか非常に難しい判断を迫られます。私が、障害者施設でアルバイトをしていたときのことですが、なかなか寝付けず落ち着かない利用者の方がいたのですが、私は、「お腹が減っているのではないか」と思い、軽い夜食を準備し、食べるように促したところ、すぐにたいらげて、その後しばらくすると寝入ったようでした。しかし、自分の方法が適切だったと思っていた私に、ある職員の方が慎重な見解を示されました。理由は、簡単にいうと「癖になる」というようなことでしたが、確かに「それも一理あるな」と思いました。私たちは、夜中にお腹が減ればコンビニに走ればその欲求を満たすことができます。しかし、夜中に食べ過ぎることは健康上も悪いことからある程度、セーブすることもできます。重度の痴呆や知的に障害がある場合など現実的には、自らそうしたセーブが困難であると思われるケースの場合、こちらが、好意で行った行動がかえって逆効果になることもあるということを考えさせられたできごとでした。

つまり、「自己選択、自己決定、自己責任」といったことばは、障害の程度や利用者の置かれた状況にあわせて、どこまでを「適切」という議論はあるにしても、適切な支援の下のできる限りの尊重であり、危険にさらすことや放任を意味することではないということです。

こうして考えると、私たちは、一度立ち止まって「自己選択、自己決定、自己責任」の意味を問わなければならないと思います。

第24話　「あきらめない」ということ

実習の巡回訪問などに行ったときに、寝たきりの人や反応が薄い人の支援計画（ケアプラン）はどうやって作るのかという話題になることがあります。

介護の現場、とくに高齢者施設や重度の障害者施設だと現実に寝たきりの人や反応が薄い人も一定数存在します。こうした方たちをどのように支援していけば良いのかということは、ひとつのテーマでもあります。こうした状況には、実習生だけが戸惑っているものではなく、現場で働く職員にも似たような感情はあるのではないかと思います。

そして、それが、「何やっても変わらない」というある種のあきらめにつながっていくのも現実的にはあるのではないかと思います。率直にいうと、とくに私の場合、「あきらめる」「あきらめない」という以前に、利用者支援を考えていく上で、新しいことをはじめるということはそれなりのエネルギーが必要なため、ただでさえ現状の仕事だけで精一杯なのにという思いが優先されてしまい、「新しいこと」そのものを考えることさえもしなかった、ある意味、思考が停止していた状態にあったのかもしれないという反省があります。しかし、こうした自分を振り返り、やはり、それでは現状は変わらないという思いも強くなり、あえてこのテーマを取り上げてみようと思いました。

自己表現や意思疎通の困難な利用者の方の生活を支援するとはどういうことなのか。これは、きわめて難しい問題の一つです。しかし、福祉サービスを利用している以上、そこには何らかの支援を必要としていることであり、反応や成果が表れにくいからといって支援を中止するわけにはいきません。そこで、何を目標にするのかということが問題になってきます。そして、その目標を定めるためには、その利用者の方がどのような状況におかれているのか現状を正しく認識することから始めなければなりません。

高齢者は、一般的には加齢により、体力や身体機能は衰えていくのは仕方ないことですし、その現実を受けとめつつも、ＱＯＬ（生活の質）を追求するといった支援計画やあるいは、現在の生活の現状維持や機能低下の進行を少しでも遅らせるといったことでも十分な支援計画になるのではないかと思います。つまり、必ずしも、「良い結果」を出すということや現状より「良くしなければならない」というだけではない支援計画もあり得るのではないかと思います。

現場では、直接的にも間接的にも、とにかく結果を出すことが要求される、あるいは、そのような雰囲気がつくられていることもありますが、こうした発想は支援計画の基本的な考え方から見ると少々、現実に迎合した発想に思えるかもしれませんが実際にはよくあることなのではないかと思います。

そして、こうした支援計画を立てることで、現実にはできそうも無い支援計画で放ったらかしにされることも少なくなり、現実に即した実行可能な支援計画となり、職員のやる気を維持することにもつながっていくような気がします。

「少し頑張ればできる」、場合によっては「課題を下げる」ということを頭の隅に置きつつ支援計画を考えていくことも有効な一つの手段であると思います。

「何をやってみても一緒」と思ってあきらめるより、「何かやってみる」という意識を常に持ち続けることを大切にできる、「あきらめない」支援者でありたい（育てたい）と思っています。

第25話　職員の目線の位置

利用者の方と接するときに、意識した方がいいと思われることの一つに「目線の位置」があります。

「目線の位置」には大きく分けて二つに分けられるのではないかと思います。ひとつは、実際の介助や利用者の方と関わるときにどのような目線で話しているのか、あるいは関わっているのかという物理的な目線の位置です。

一般的によく「話すときは相手の目を見て」ということがいわれますが、基本的には同じ高さぐらいでの位置関係にあると思われます。

ところが、福祉施設では、職員が立ちっぱなし、利用者は、座っていたり寝ていたりして、自然と目線は見下ろす感じになってしまうことが多いと思います。むしろ、目線を合わせようとして腰をかがめたりしていると、他の職員から「座っている暇はないのに」という感じで見られたりすることがあるのではないでしょうか。

もう一つは、こうした、物理的な目線ではなくもっと抽象的な、たとえば「利用者の立場に立って」というような「支援の視点」としての目線の位置があります。「利用者の立場」に立つということは、同じ目線で物事を考えるということです。たとえば、車椅子を使用している方がいたとします。車椅子を使用している方の目線は、明らかに立っている人の目線とは、物理的な位置が違います。しかし、ふだん車椅子を使用していない人が車椅子に座ったときの目線の位置を体験すると、ある意味、衝撃を受けることがあります。それまで、気にもかけていなかった段差や日常的に使用する様々な設備がとても不便なものであることに気がつくのではないでしょうか。この「物理的」な目線の位置から、なぜ、このように不便であるのか、そしてそれを改善するにはどのようなことをなすべきなのかということを考える「支援の視点」としての目線の位置は、実は、とても関連深いものであることが分かると思います。こうした体験をすると、「目線の位置」どうあるべきなのかということを考えるきっかけとなりますが、利用者と「対等・平等」の立場に目

線を持っていくことは、頭では分かっていながらも実はたいへん難しく、やはり職員の視点から指示する（見下ろす）ことが多くなってしまうのが現実です。

「目線の位置」というものを一つとっても、理想と現実の間には、大きいギャップを感じますが、職員一人一人に利用者とゆっくりと関わる時間があり、それに対応できる環境（たとえば、職員数の増加など）が整えられていくならば、それなりに解決していくような気もします。自戒の意味もありますが、この話は、多くの利用者の方（不快に思ってもそれを表現されていない方もいるとは思いますが）、職員の人々はあまり気になっていることではないかもしれません。私も施設で働いていたときは、ほとんど気にしていませんでした。しかし、本当は、利用者に「ゆっくり関わる」ことのできる施設が理想なのではないでしょうか。利用者対応に忙殺されている福祉現場の現状を変えていくには、職員一人一人がなぜ、利用者に「ゆっくり関わる」ことができないのかという理由について、考えていく必要があるのではないでしょうか。

第26話　いってはいけないこと、思ってもいいこと

どんなに優しくて思いやりがあるという人でも現場で働いていれば、利用者に対してイライラしたり、ときには、文句をいいたくなったりしたことがあるかと思います。しかし、「福祉の仕事に就いています」とか「福祉の仕事を目指しています」というと、「大変なのに立派ですね」とか「偉いですね」などといわれたりします。こういうことから考えると、「福祉」の仕事をする人は、どうしても、愛や奉仕の精神、そして、少なからずの自己犠牲をいとわない性格を持ち合わせた人であるようなイメージが定着しているのではないでしょうか。しかし、実際には、こうした聖人君子のように振舞うのは、きわめて困難でもあり、極度のストレスを感じる結果となるでしょう。

今回は、こうした福祉の仕事の「つくられたイメージ」に対して、もっと人間的な関わりとは何かということを考えていきたいと思います。

よく実習では、実習生に対して「～させて頂いている」と思うようにいわれますが現実には難しいことです。

たとえば、排泄介護の際に、利用者が便失禁などしている場合、「くさい」と思うことがあります。もちろん、その利用者の方へ対して「くさいですよ」などということはできません。そのことは、利用者の方も分かっているし、わざわざいわれることで傷ついてしまうことがあると思います。痴呆や重度の知的障害を持つ利用者の方に対しても、「どうせ分からないから」というのではなく、分かっている、分かっていないにかかわらず、職業人としての関わりとして、いうべきでない言動です。

ところが、「くさいと思ってはいけない」というような、あるいは、そう思うことを半ば強制でもするような教育も見られるようです。教える側には、そういう意識はないとしても、学生の中には「介護させて頂いているのだからくさいと思ってはいけない（のではないか）」と思っていることもあります。

確かに「実習（介護）させて頂いている」という一面がないわけではないですが、それはあくまでも「実習（仕事）」ということに関してであって、排泄の処理そのものを指しているわけでないと思います。また、実際に排泄物に「臭いがある」ということは、人間の生活の営みとしての証であるという事実を受けとめた上での言動や関わり方を考えていく必要があるということです。

つまり、仕事として「くさい」といってしまうことの利用者に与える影響を考えれば、いうべきではないけれど、「くさい」と「思う」のは自由であるし、むしろ、自然であるし、その現実からどのようなかかわり方が適切であるのかということを見つけ出していく必要があるということです。

このように、「いってはいけない（やってはいけない）」が「思ってもいい」ということがあるにもかかわらず、「いってはいけない」し、そのことが「思ってもいけない」ということにつながってしまっている場合があるように思います。

聖人君子になりきれない自分の弱さも含めて、もっと人間的な関わりの中で、職員と利用者の関係をつくっていく余裕が必要だと思います。そうでなければ、ストレスで押しつぶされてしまいそうな気になってしまうのではないでしょうか。

第27話　職場について「批判」すること、されること

皆さんは、今、自分が働いている職場についてどのような思いを持っているでしょうか。

「人間関係がうまくいかない（嫌な上司がいる）」だとか、「給料が安い」とか「体力的にも精神的にもきつい」とかいろいろな不満を持っているのではないでしょうか。ときには、他の職員の仕事ぶりについての批判もあるかと思います。もちろん、こうした不満は、誰もが持っているものだと思います。そして、こうしたことを職場の比較的に気の合う職員数人と愚痴りあったりしていることと思います（自分はそうでした）。また、こうすることで、ある種のストレス発散や、職員同士の連帯感を強めたりすることもできるので一概に悪いともいえないと思います。そうはいっても、自分の職場に関する不満や批判は意外にエスカレートするものなので、ときと場所を考え

つつほどほどのところでセーブしておきたいものです。

ところが、ふだんこうした自分の職場の批判をしている人たちでも、ときどき不快な感情に見舞われることがあります。

多くの人は「福祉」という仕事に「誇り」や「やりがい」を持って業務に当たっていると思いますが、他施設で働いている、あるいは他職種で働いている人に自分の職場、あるいは仕事について批判をされるとやはり内心穏やかではなくなると思います。

私が働いていた施設は、その方針が正しかったかどうかは別としても、より良いケアの提供に努力はしていたと思います。そして、私も、ときにはたるんでいたこともありますが、それなりに頑張っているという思いは、いつも持っていました。だから、他の施設で働いている人に「あそこは、駄目だ。」のようなことをいわれると非常に寂しい思いをします。そして、内心「一緒に（そこで）働いたこともないのによくそういうことがいえるよな」と思ってしまいます。

なぜ、このように思うのかというと、それは、たぶん「苦しさを共有しない者」から「自分がやってきたこと」を否定されるような気持ちになるからではないでしょうか。自分自身の存在を否定されるような気持ちといってはいい過ぎかもしれませんがそれに類するものだと思います。

こう考えてくると、なんとなくケアの考え方にも通じるところがあるなと感じます。職員は利用者の人生の苦しみを共有してきたわけではありません。よくテレビなどで「あんたに、何が分かる！」のようなシーンを見ますが確かにそういわれても仕方ない部分もあります。

しかし、分かろうとする努力ができないわけではないということです。話を聞いてもらうだけでも自分の気持ちが楽になりませんか？

つまり、こうした努力が利用者の感情をどれだけ受けとめることができるかということにつながっているのではないかと思います。

とはいうものの、職場のことなど直接、自分が絡む問題と利用者の思いを受けとめようと努力することが、ある種の共通基盤を持っていることに気付く余裕は、少なくとも、私が施設で働いていたときには持ち合わせていなかったという意味では、反省することも多いなと感じています。

第28話　常勤職員と非常勤職員

皆さんの職場は、職員はどのような雇用形態で働いているでしょうか。正規職員（常勤職員・正社員）、嘱託職員、常勤的非常勤職員、パート、アルバイトなど呼び方も様々ですが、いくつもの雇用形態があるのではないでしょうか。

これらの雇用形態は、基本的には勤務時間や給与の金額などに違いをつけるためにあるものです。もちろん、介護保険で厳しい生き残りを迫られている経営側としては、できるだけ人件費を抑えたいという意図が働くことがあると思います。その結果、非常勤職員がかなりの数に上るところもあると思います。

しかし、福祉サービスの利用者にとってその人が常勤職員であるか否かということはどうでも良いことです。むしろ、常勤職員よりも非常勤職員の方の働きが良いことさえあることも考えられます。私が施設で勤務を始めたときに、様々なところで「とても仕事ができる人だな」と思った職員の方がおられましたが、その方は、正規職員ではなかったことがあります。それに対して、自分は右も左も分からない新人でしたが、正規職員としての採用でした。私は、むしろ、いい方の待遇を受けていたわけで、その人に対して多少の後ろめたさを感じながら働いていました。今、思えば、その職員の方はどのように思われていたか分かりませんが、自分より仕事の「(その時点で)できない」職員が正規職員であるということで、私に対して、複雑な思いを持っていたとしても不思議ではないと思います。

人間対人間として関わるとき、私は「常勤」だから、「非常勤」だからといって仕事をするわけではありません。そして、利用者に対しての関わり方や任せられた仕事の結果についてはそれなりの責任を持つ必要があります。

ところが、肉体的にも精神的にも負担の大きい福祉現場では、基本的にやっていることは「同じ」あるいは「それ以上」なのに明らかに給料が違うことがあります。こうした仕組みは、職員の意欲の低下につながることもあり、その結果、サービスの質を十分に維持していくことができなくなってしまうことも考えられます。

一方で、非常に貴重な「戦力」となるアルバイトやパートといった、たとえば、入浴や食事だけのお手伝いという位置づけの職員も必要なことがあります。こうした雇用形態は、拘束時間も少なく、空いた時間を生かしたいという働く側と雇う側の利害が一致する部分の一つでもあります。

しかし、本来業務といえる利用者の一日の生活支援を担当する職員として、常勤、非常勤の別がどれほどの意味を持っているのかという疑問があります。

常勤職員は、確かに非常勤職員より重い責任を問われることも多いですが、事故やトラブルについてはなぜそのようなことが起きたのかということを一緒に考えていくべきなのですが、職員同士の間にこうした制度矛盾による溝がないとはいい切れない部分があり、いざというときに連帯できないのではないかと心配しています。

社会福祉基礎構造改革が進み、ますます職員の非常勤化が進んでいますが、むしろ、時代に逆行しているのではないかと思える部分も多くあります。少なくとも実質的には常勤職員と同じような業務を担う職員が「常勤的非常勤」というような変なことばで称されていることがなくなっていくことが、福祉職の専門性を担保する上でも重要だと思います。

第29話　高齢者、障害者の性

人間にとって恋愛や性に関することは、ときには傷つくこともあるけれど人生の幅を広げる一つの要素であることは間違いないでしょう。しかし、公に語られることは、まだまだ少ないような気がします。とくに高齢者や障害者といった、いわゆる「福祉対象者」といわれる人々の恋愛や性の問題はこれまでほとんど取り上げられてこなかったといってもいいでしょう。最近では、少しずつ、とくに障害者の性の問題に関連する書籍などは増えてきているようです。ここでは、こうした高齢者や障害者の性の問題について考えてみたいと思います。

では、なぜ高齢者や障害者の性は取り上げられてこなかったのかということについて、考えてみたいと思います。よくいわれていることのようですが、高齢者の場合は、身体の老化にともない生殖機能も少なからず衰退していきますが、にもかかわらず、性に関する関心が強い場合、そのことを周囲が「恥ずかしいこと」のように感じ、

「年がいもなく」といった感情を抱いているためで、障害者の場合は、自分で性行為の処理することに少なからず課題を抱えていることから、そうしたことへ対する嫌悪感に似た感情、あえて表現するならば、「自分のことすら自分でできないのに」といった感情があるからではないかと思います。いずれにしても、高齢者や障害者の性は、語られることすら社会的にタブー視されてきた、いい換えれば、抑圧と差別を受けてきたといえます。こうした抑圧や差別を受けている状況を少しでも改善していくためには、人間が生活を営んでいる以上、当事者はもちろんですが、避けては通れない問題として支援に携わる者も一緒に考えていく必要があると思います。具体的には、高齢者や障害者の「性（行為）」をどのように受け止めていくのかということにつながっていくのではないかと思います。

私も、現場で男性利用者のマスターベーション、あるいはそのように思われる行為を見たことがあります。しかし、こうした行為に出会ったとき、どのように対応すれば良いのか戸惑いました。いうまでもなく成人男性であれば、そのほとんどが経験しているといわれるこうした行為をすることは、高齢であってもなくても、障害があってもなくても関係ないものです。そして、もっとも他人に知られたくないプライベートな部分でもあります。(実際に私が体験したこととして、男性の場合の例をあげさせていただきました。) しかし、現場の職員はこうした場面にしばしば出会います。仮に実習生がこうした場面に出会うどうなるかと考えます。もし、何の事前の準備(心構え) もなく自分が実習生としてこのような場面に出会ったとしたら、戸惑いを通り越して「性」に対して言葉ではいい表せないある種の嫌悪感を抱いていたと思います。ところが、こうした場面に出会ったときにどのように対応するかということは、福祉の専門教育の場で語られることは皆無、あるいはそれに近いといえます。そのような意味では全く免疫がない状態で出会う場面としてはかなり衝撃的だといえます。

それでも、現場の職員であれば衝撃的だとかいっている場合ではなく、どのように対応するのかということについて、いい悪いは別としても自分の価値観だけで判断するしかない状況で対応しているといっても良いと思います。

今後は、高齢者、障害者の「性」に対する支援のあり方とはどうあるべきなのか真剣に向きあっていくべき課題であり、これから議論していく必要があるのではないかと思います。

第30話　業務マニュアルの功罪

さて、今回は「業務マニュアルの功罪」です。

皆さんの職場には、「業務マニュアル」は存在しているでしょうか。ケアプランも広い意味では、「業務マニュアル」といえるかもしれません。

この業務マニュアルですが、あるときは、非常に有効なものでもあり、あるときは、非常に厄介なものとなります。

まず、良い面ですが、マニュアルどおりの手順に従って物事を遂行すれば誰がやっても、もちろん若干の違いはありますが、ある程度同じ質（最低限）が保たれたサービスが提供できるということです。

介護保険や支援費が導入され、「サービスの質」が問われるようになった今日では欠かせないもののひとつといえるでしょう。

しかし、非常に役に立つ反面、自由な発想や試みを生みにくいというリスクを持っています。

現場では、忙しい中、業務を「こなす」ことが一つの基準になっていることがありますが、業務マニュアルはこの「こなすべき業務」を表したものともいえます。ところが、逆に、これさえやっていれば安心であるかのように錯覚してしまうこともあるのがこの「業務マニュアル」のこわいところでもあります。

このようなことは、実は福祉現場に限らず、また、「業務マニュアル」ということにとどまらない気もしています。実は、社会福祉の専門教育というのは福祉現場で実践を続けていくための一種のマニュアルを示すものであると考えています。しかし、現場では、学校で習ったこととは違う、あるいは、習ったこともない様々な出来事に出会います。このことは、良くも悪くも経験として自分の中に蓄積されていくわけですが、比較的、理想的な理論中心の社会福祉の専門教育では、現場の実態に対して「駄目なものは駄目」と思いフラストレーションがたまる一方です。

福祉現場は理想的な理論ばかりで成り立っているわけではありません。実際には、「利用者のために」という言葉の下に職員の価値観の押し付けであったり、「(やってはいけないと) 分かっちゃいるけど」と思いながら手を抜いたりすることはよくありますし、自分もそうやってある意味、「現場を渡ってきた」といえると思います。

こうした経験を持つ私は、何かを伝えようとしたとき、現実を真摯に受けとめた上での理論を伝えたいという思いがありました。

これから福祉を担う人材に「できること」「できないこと」「やらなければならないこと」「やってはいけないこと」を見きわめる力をつけてもらうことは、まさに社会福祉専門教育の使命であると考えています。そういう意味では、マニュアルを応用する力が求められていると思います。

そして、こうした力をつけてもらうためには、ある意味、現場の「表に出ない部分」といえる所もしっかりと議論した上で、「本当に必要なことは何なのか」ということを考えていく必要があると思います。

葛藤する福祉現場　――現状を変えたい方へ――

1　葛藤を大切にするということ

　学校で習ったことは、現場に出れば、「何だったのか」というほど様々な場面に出会う福祉現場は、それが人間相手の仕事である以上、思い通りに行かないというのもある意味納得ができるものでもあります。しかし、思い通りにいかなくても納得できる部分というのは、人間同士の関わり（個人として向き合うということ）であって、制度や規則（たとえば職員配置数など）が適切でないことによってうまくいかないこととは全く質が違うものです。そういう意味では、学校で習ったことのほとんどが、実態に合わない制度や規則によって縛られた福祉現場の厳しい現実との間で、新人職員や若手職員の葛藤を生じさせる原因となっています。

しかし、この葛藤こそが福祉に携わる者にとって、実は一番大切なのではないかと思います。葛藤とは、問題意識があるからこそ生まれるものです。たとえば、「こんなことやってはいけないけれど、やってもいいのだろうか（やってしまった）」など思い悩むことです。もしも、この葛藤がなくなったとすれば、「やってはいけないことを平気でやる」ことになってしまうことにつながるのです。

そして、そのことによって福祉サービスの利用者は不利益を被ることになるのは明らかです。

しかし、実際には「やってはいけないことでも、やらざるを得ない」という現場の現状を考えれば、「仕方ないか」ということで、こうした葛藤も徐々になくなっていくものです。だからこそ、この葛藤を大切にしないと「現状を変える！」という意気込みやエネルギーがなくなってしまうのではないかと思います。そうなると変えられるものも変えられなくなることも考えられるので、ぜひ意識して日々の実践に取り組んでもらいたいと思います。今は、こんなことを書いていますが、こういう自分も現場で働いていたときは、こうした葛藤することを忘れかけていましたし、むしろいわれたことだけを「こなす」ことで精一杯でほとんど「思考停止」の状態にあったので、偉そうなことはいえないのですが、これから福祉を担う方にはぜひ伝えておきたいことの一つです。

2　社会を見つめるということ

では、こうした厳しい現場を実際に変えていくにはどうすればよいのでしょうか。もう既に分かっている方もいらっしゃるかも知れませんが、それは、「社会の動き」に関心を持つことです。「Social Worker」の「Social」は「社会の」という意味です。もちろん、ここでいう「Social Worker」は「Care Worker」を含んでいます。学問的には「Social Work」と「Care Work」というのは、厳密には違いますが、どちらも社会福祉の現場に働き、お互いの理解や連携なしには、現場は成り立っていきません。そういう意味で、ここでは、あえて社会福祉現場に働く人々を「Social Worker」といいたいと思います。

自分の周りを見渡してみても、政治や社会問題に関心を持っている人は少ないように感じます。どうせ変わらないからといって、むしろ、政治や社会問題に関心を持つことが「一人で粋《いき》がっても仕方ない」というある種の「格好悪さ」につながってしまっているような気がして残念です。

しかし、本当は、福祉現場は、政策や政治の在り方に大きく左右される場所であることを強く認識する必要があります。障害者や高齢者といった社会的に弱い立場にある人の生活や権利が守られるということは、全ての人間の生活や権利が守られるということです。反対にそうした人たちの生活や権利が侵害されるということを、自分の問題として考えていかなければ、いつの間にか、自分の生活や権利が脅かされていくという危険をはらんだ社会になってしまいます。そういう意味では、福祉問題はそのまま社会問題であるという意識がなければ、福祉の発展はありえません。

また、社会問題は、一つ一つの問題が単独で存在しているわけでなく、様々な問題が複雑に重なり合っている問題も多いものです。そういう意味では、たとえば、貧困問題や差別問題、平和問題なども人間の生活に密接に関係している問題であり、そのような問題にも広く関心を持ち、社会のあり方そのものを考えていく必要があるのではないでしょうか。今日、社会福祉の分野では社会福祉基礎構造改革が遂行されています。そして、その集大成として高齢者福祉分野における介護保険、障害者福祉分野における支援費制度の導入がなされた今日、この改革は「誰のため」の改革なのかということを問う必要があります。職員の非常勤化が進み、措置制度の廃止によって自己負担が増加していることなど課題も多くあります。「契約型福祉社会」という美名の下に何かを忘れてきていないのか、私たちはもう一度、立ち止まって考える必要があるのではないでしょうか。また、世界に目を向ければ、「テロとの戦い」ということばの下に、何人もの罪のない一般市民の命が失われている現実をどのように受けとめていくのかなど社会を見つめる眼を養っていかないといけないと思います。

福祉の仕事に就きたいという人はたくさんいると思いますが、なぜ福祉現場は、絶対的な人手不足に悩んでいるのでしょうか。それは、社会が福祉人材を十分に確保していこうという方向に向いていないからです。こうした問題一つ取ってみても社会の在り方が問われています。

一人一人の力は小さいものですが、一人でも多くの人が、このことを認識し、何らかの行動を起こすことで（関心を持つというだけでも）少しずつ社会が変わっていくことにつながっていくのではないかと信じています。こうした思いから、私は「Social　Worker」とは、「社会に働きかける人」であってほしいと思っています。

あとがき

この本でも度々使ってきた「痴呆」という言葉は、この本が出版される頃には「認知症」という言葉になっているかもしれません。私自身は、なぜ、そのように変わるのかということについて若干の違和感を残してはいますが、どうやら「痴呆」という言葉のイメージがあまり良くないからということらしいです。昔は、福祉の現場、あるいは、社会一般に広く使われてきた言葉でも現代では、「差別語」や「蔑む言葉」だと認識されているものも多くあります。時代が変わり、福祉への関心が高まり、その理念や考え方も発展を遂げてきたのは、こうしたこと一つとっても顕著だといえるでしょう。

しかし、一方で「契約型福祉社会」や「権利としての福祉」という響きの良いことばの下には、実態をともなっていない福祉の厳しい「現実」が存在しています。そして、こうした問題の一つとして、福祉や介護に携わる者のあまりにも厳しい労働実態があるといえます。福祉理念の発展による言葉の変遷や悪いイメージを払拭するために努力することを否定しているわけではありませんが、こうした問題を放っておいて、本当の「より豊かな福祉」が実現できるのでしょうか。

この本は、1話完結形式ですが、私の日頃の思いから内容的には若干、重複したようなところもあることをご了承頂きたいと思います。ただ、厳しい福祉現場の「現実」の一端を伝えることにより、少しでも現状に対して問題提起ができればと思います。また、「福祉サービス利用者の視点」に立った書物は、たくさんありますが、現場職員やこれから福祉の職場を担おうとする実習生がどのような現実に直面しているのか、あるいはどのような葛藤を抱えているのかということについて書かれたものは、まだまだ少ないのではないかと思います。

この本の中に表してきた私自身の考え方や今までとってきた行動が全て正しいわけではないと思います。批判も含めて、福祉現場や教育現場あるいはお互いの交流の場で議論を深めて頂ければ幸いです。

また、これまで、全てとはいいませんが「現場職員」は「研究者」に対して、多かれ少なかれ反発を抱いてきたのではないでしょうか。反対に「研究者」は理想ばかり追い求めてはいなかったでしょうかでしょうか。お互いが、すれ違いを起こし、その結果、なかなか現状が発展しない状況を作り出してきたのではないかということを、お互いに価値観を押し付けるのではなく、試行錯誤しながら議論し、もう一度自己点検すべきではないかと思います。そのために、まず、現実を受けとめる必要があり、そこから見えたものから目標を定め、それを一つ一つ達成していくことを考えていく必要があるのではないかと思います。そういう意味では、この本が、「現場の思い」と「研究者の思い」の架け橋となることができれば幸いです。

最後に、この本の出版は、私ひとりの力でできたものではありません。一緒に働いていた同僚や学生時代の友人、そして今、社会福祉専門教育の一端に関わり出会うことができた現場の方や研究教育関係者、不安や葛藤を抱えた実習生などとの会話や交流を通して感じたことや考えたことなどをヒントに、現場の実態とそこに揺れ動く葛藤を描かせてもらいました。また、私の拙い話をまとめたものを出版したいという計画を「より良い介護・福祉の実現のために」と快くお引き受けご尽力くださった比留川洋さんをはじめとする本の泉社の皆様に感謝の意を表します。

●著者紹介

高木博史（たかぎ・ひろし）

1974年　熊本県生まれ。
1998年　熊本学園大学社会福祉学部卒業。
　　　　高齢者福祉施設などでの勤務を経て
2003年　立命館大学大学院社会学研究科修士課程修了。

現在、立正大学社会福祉学部助手として社会福祉実習教育の一端に関わっている。社会福祉士・介護福祉士。
社会福祉労働者の労働条件などに関心を持っている。

葛藤《かっとう》する福祉現場《ふくしげんば》
—— 福祉《ふくし》の理想《りそう》と現実《げんじつ》30話《わ》

2005年 3 月 1 日　第 1 刷発行

著　者　高木博史《たかぎひろし》
発行者　比留川　洋
発行所　株式会社　本の泉社
〒113-0033　東京都文京区本郷2-25-6
TEL.03-5800-8494　FAX.03-5800-5353
http://www.honnoizumi.co.jp/
印　刷　株式会社ティーケイシー出版
製　本　難波製本株式会社

ISBN4-88023-899-6　C0036